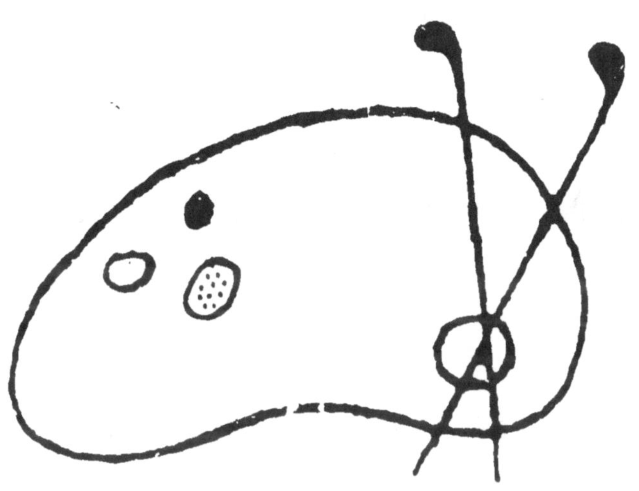

Début d'une série de documents
en couleur

L'ESPIONNAGE MILITAIRE

EN TEMPS DE PAIX

ET

EN TEMPS DE GUERRE

PAR

Le Colonel KLEMBOWSKY

De l'État-Major général Russe.

TRADUIT DU RUSSE ET DE L'ALLEMAND

Prix : 1 fr. 50.

TOULOUSE

IMPRIMERIE SAINT-CYPRIEN

27, ALLÉE DE GARONNE, 27

—

1895

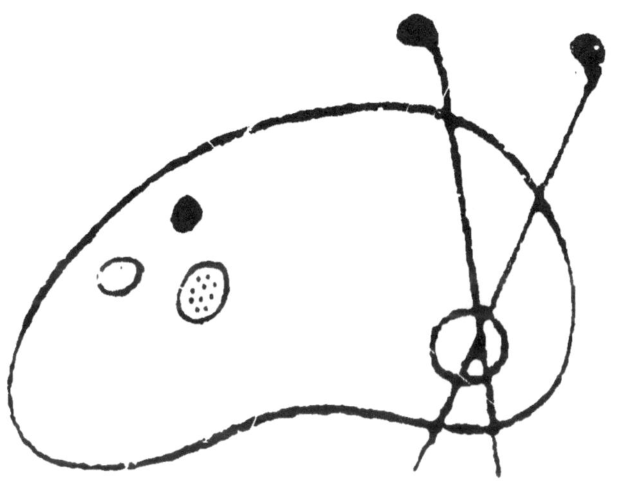

Fin d'une série de documents
en couleur

L'ESPIONNAGE MILITAIRE

EN TEMPS DE PAIX

ET

EN TEMPS DE GUERRE

PAR

Le Colonel KLEMBOWSKY

De l'État-Major général Russe.

TRADUIT DU RUSSE ET DE L'ALLEMAND

Prix : 1 fr. 50

EN VENTE :

Chez M. MERCADIER

RUE VALADE, 34

Le colonel Klembowsky, auteur du livre sur l' « Espionnage militaire en temps de paix et en temps de guerre *», qui nous a autorisé, par une lettre fort gracieuse, à publier la présente traduction, est un des plus brillants officiers de l'état-major général de l'Armée russe. Comme lieutenant-colonel il a été, de 1890 à 1894, professeur de sciences militaires à l'École de cavalerie de Twer. Bien qu'âgé seulement de 35 ans, il a été nommé colonel en septembre 1894 et placé à la tête de l'état-major de la 1re brigade de chasseurs à Plotsk, sur la frontière allemande.*

INFORMATIONS SECRÈTES

(Espionnage Militaire)

———

Sous ce titre, le colonel W. Klembowsky, de l'état-major général russe, a publié un livre d'autant plus intéressant qu'il est rare de voir un officier occupant une haute situation, traiter avec une pareille franchise et d'une façon si détaillée la question de l'Espionnage militaire.

L'auteur dit dans sa préface : « On dira peut-être : « Comment peut-on traiter un « sujet aussi ignominieux que celui de l'es- « pionnage! Doit-on l'enseigner? » — Et pourquoi non? Chaque pas que l'on fait en avant, en guerre, s'appuie sur les renseigne- ments qu'on a sur l'adversaire; il en résulte qu'il faut examiner avec le plus grand soin tous les moyens qui permettent de les recueillir, de façon à pouvoir les employer habilement le cas échéant. D'ailleurs, l'espionnage n'est pas si ignominieux qu'il paraît l'être au premier abord.

« Une fois débarrassé des faux préjugés, on arrive naturellement à cette conclusion qu'il peut y avoir des cas où le métier d'espion n'a absolument rien de honteux et où il mérite, au contraire, d'être encouragé.

« On peut encore nous reprocher de vouloir attacher une trop grande importance à des renseignements secrets. Nous y répondrons en déclarant d'avance que nous n'avons jamais songé à mettre sur le même pied l'espionnage et les renseignements de la cavalerie que rien ne saurait remplacer. Mais on n'a pas toujours de la cavalerie sous la main, et, d'un autre côté, il y a des choses qu'aucune cavalerie ne saurait reconnaître ; ainsi, par exemple, dans la période de concentration des armées, les prisonniers et les espions constituent presque le seul moyen de recueillir des renseignements sur l'ennemi. On ne saurait donc méconnaître l'utilité des renseignements secrets, sans toutefois fonder sur eux des espérances exagérées. »

En examinant les pages intéressantes qui suivent, nous laisserons de côté certains détails très circonstanciés qui n'ont pas trait au fond même de la question.

I

Le premier chapitre a pour titre :

Bᴜᴛ ᴅᴇ ʟ'ᴇsᴘɪᴏɴɴᴀɢᴇ. — Oᴘɪɴɪᴏɴ ᴅᴇs ᴇ́ᴄʀɪᴠᴀɪɴs ᴍɪʟɪᴛᴀɪʀᴇs sᴜʀ ʟ'ᴜᴛɪʟɪᴛᴇ́ ᴇᴛ ʟᴀ ɴᴇ́ᴄᴇssɪᴛᴇ́ ᴅᴇ ʟ'ᴇsᴘɪᴏɴɴᴀɢᴇ, ᴇᴛ ᴅᴏɴɴᴇ́ᴇs ʜɪsᴛᴏʀɪǫᴜᴇs sᴜᴄᴄɪɴᴄᴛᴇs sᴜʀ sᴏɴ ᴇᴍᴘʟᴏɪ ᴀ ᴅɪғғᴇ́ʀᴇɴᴛᴇs ᴇ́ᴘᴏǫᴜᴇs.

Les renseignements dont la connaissance influe sur l'issue de toutes les entreprises de guerre, l'auteur les partage en quatre catégories :

1° Renseignements sur la force armée de l'ennemi ;

2° Renseignements sur le pays ;

3° Renseignements sur la population ;

4° Renseignements sur le rendement du territoire.

Les renseignements de la première catégorie, sont obtenus par l'étude de l'organisation militaire de tous les États, et plus particulièrement de ceux avec lesquels une éventualité de guerre est possible. Il faut donc connaître l'organisation et la force de leurs armées, l'armement, l'équipement et l'uniforme, l'instruction, les méthodes de combat, les règles de l'alimentation, le système sanitaire, l'état des officiers, etc.

Beaucoup de ces renseignements ne sont un secret pour personne, et peuvent être puisés dans les documents publics officiels et dans les rapports des ministères de la guerre. D'autres, au contraire, comme par exemple l'esprit des troupes, le système de mobilisation des armées, et leur concentration sur la frontière en cas de guerre, le plan d'opérations initial, etc., constituent un secret qu'il n'est pas facile de pénétrer. C'est le devoir des ambassadeurs, des attachés militaires et des officiers détachés officiellement dans les autres Etats de fournir à leur gouvernement tous ces renseignements. Cependant, ces personnages ne peuvent pas toujours donner des réponses fermes et détaillées à toutes les questions que nous venons de citer. Le seul moyen de les obtenir consiste à recourir aux services d'agents secrets, c'est-à-dire d'espions.

On comprendra facilement que, pour recueillir et classer ces renseignements, il faut beaucoup de temps et de travail ; aussi faut-il se mettre à la besogne dès le temps de paix.

Une fois les opérations commencées, les questions suivantes auront une importance prépondérante : Où se trouve l'ennemi, et quelle est sa force ? Que fait-il en ce moment ? Quels sont ses projets ? Il est incontestable que le meilleur moyen de trouver la réponse à ces questions, consiste à pousser en avant la cavalerie, c'est-à-dire les yeux de l'armée.

Mais il peut arriver que la solution complète de questions si étendues, ne puisse pas être donnée par la cavalerie, sans compter que dans bien des cas, pour une raison ou pour une autre, il n'y aura pas de cavalerie avec tel ou tel détachement.

L'auteur démontre alors, par des exemples tirés de la campagne de 1870-71, que la nombreuse cavalerie allemande qui, par le fait de la faiblesse de la cavalerie ennemie, se trouvait dans une situation particulièrement avantageuse, n'aurait jamais pu satisfaire à toutes les exigences du service des renseignements.

On lit dans l'Ouvrage du Grand Etat-Major Allemand sur la guerre de 1870-71 que ce sont les renseignements toujours nets et précis de l'infatigable cavalerie allemande qui fournissaient au commandant en chef l'élément principal de ses déterminations les plus graves. Or, il suffit de lire la relation allemande elle-même pour constater que la cavalerie allemande a rarement renseigné à temps sur les choses essentielles.

Au début de la guerre, la cavalerie se montre très timide; le soir du 6 août, après la bataille de Wœrth, elle perd le contact.

Avant et après la bataille de Rezonville (16 août), les Allemands nous croient en marche sur Châlons, alors que nous n'avons pas quitté les environs de Metz.

Après Saint-Privat, les divisions de cavalerie, prenant leur essor, précèdent dans leur marche sur Paris les corps de la deuxième armée et de l'armée de la Meuse. Mais là encore, c'est par une dépêche venue de Londres que l'Etat-Major apprend l'existence en même temps que le départ de l'armée de Châlons.

Les opérations de l'armée de la Loire restèrent longtemps inconnues, malgré les nombreuses divisions de cavalerie qui exploraient le pays.

Enfin, en décembre, c'est par des renseignements venus de sources diverses que les Allemands apprennent les mouvements des masses destinées à débloquer Belfort (1).

« D'ailleurs, la cavalerie, même la plus entreprenante, ne saurait, dans la plupart des cas, deviner les projets de l'adversaire.

Elle se borne à faire connaître sa force et sa position (c'est ce que nous remarquons chez les Allemands pendant la période des opérations contre Mac-Mahon, du 21 août au 2 septembre).

Il ne suffit pas de voir, il faut aussi entendre, et les espions seuls peuvent le faire; si l'on peut considérer la cavalerie comme *les yeux de l'armée*, on peut appeler les espions, *ses oreilles*.

La connaissance du terrain exerce également

____

(1) Le traducteur.

une grande influence sur le cours des opérations militaires.

Dès le temps de paix, il importe d'étudier avec soin le théâtre probable des opérations, de déterminer les lignes de défense les plus importantes, les positions fortifiées, de se familiariser avec le réseau ferré et, en général, avec tous les moyens de communication ; en un mot, il faut avoir des renseignements géographiques et topographiques détaillés, des cartes et des plans complets des Etats voisins. Ces renseignements, recueillis par la voie officielle, doivent être vérifiés par la voie officieuse et complétés jusque dans les plus petits détails, et il n'est possible de le faire en temps de paix qu'au moyen d'espions.

La troisième et la quatrième catégorie de renseignements, dont la connaissance est nécessaire pour la bonne direction des opérations militaires, constituent toutes les données qui se rapportent à la population et au rendement d'un certain pays, par exemple : la densité de la population, son groupement suivant les races et les croyances, les mœurs, les habitudes et les occupations des habitants, leur degré de bien-être, les règles administratives du pays, le nombre et l'aménagement des habitations, etc. »

Puis l'auteur passe en revue les écrivains qui ont reconnu l'utilité et la nécessité de l'espionnage. Pour montrer « que l'histoire des guerres témoigne indubitablement de l'utilité de l'espionnage », l'auteur fournit des exemples nombreux en commençant par les combats contre les Etrusques (298-290 avant J.-C.) jusqu'à nos jours. Nous ne citerons que ceux qui nous paraissent particulièrement intéressants :

« En Prusse, c'est sous Frédéric II que l'espionnage atteint son plus grand développement.

Le chef lui-même de notre cavalerie d'avant-garde, le général de brigade comte Totleben, était un espion prussien.

Dans l'armée russe, on recevait les renseignements sur le théâtre de la guerre et sur l'ennemi, aussi bien par des espions, appelés « Confidents », que par des officiers russes, qui connaissaient à fond la langue allemande et le pays ; parmi eux, je citerai le major Romanius, les lieutenants Dalegorski, Schreider et beaucoup d'autres. Freiman, adjudant de Liwien, voyagea partout comme officier polonais. Un autre officier russe, envoyé de Lopuchin, traversa toute la Prusse jusqu'à Dantzig — comme laquais d'une belle dame.

A la fin du siècle précédent, le 6 septembre 1794, après la défaite des Polonais à Kruptschiza, le détachement de Sjerakowski se retira par le chemin le plus court, à marches forcées, à travers bois, marais, sur Brest. Ssuworow ne poursuivit pas l'ennemi et arriva avant la tombée de la nuit, le 7 septembre, après avoir parcouru 40 verstes (1),

____

(1) Mesure linéaire de Russie, 1067 mètres.

au village de Treschstchin, éloigné de Brest d'environ six verstes. Dans le but de tourner par la droite la position des Polonais, Ssuworow envoya vingt Cosaques, sous la conduite du lieutenant-colonel Iwachew, rechercher des gués du Muchawez et du Bug et recueillir des renseignements sur l'ennemi.

Iwachew n'était pas encore rentré, que déjà des Cosaques avaient amené un juif, qui disait être envoyé par ses compatriotes et coréligionnaires. Il racontait qu'on attendait à Brest l'arrivée prochaine des troupes russes, et que c'etait pour cela que la population juive, qui était fort inquiète à cause de la part active qu'elle avait prise aux événements antérieurs, l'envoyait offrir ses services aux Russes. L'émissaire disait que les troupes de Ssjerakowski étaient très fatiguées, qu'on avait résolu d'éviter un nouveau combat pour se retirer dès le matin dans la direction de Varsovie; les bagages et autres *impedimenta* étaient déjà en route, sur le chemin de la retraite.

Le juif donna encore d'autres indications très importantes pour les Russes sur la nature du terrain, la largeur du Muchawez, du Bug, sur les gués; il se proposa même comme guide.

Ssuworow donna immédiatement ses instructions aux généraux rassemblés près de lui, leva le camp à une heure du matin, le 8 septembre, passa le Muchawez et le Bug à gué, obligea Ssjerakowski à accepter le combat et le défit complètement.

Les rapports des ambassadeurs et des attachés militaires, les descriptions géographiques, statistiques et ethnographiques, les rapports officiels et autres sources du même genre, constituent de riches ressources qui permettent déjà de faire connaissance avec la population et le rendement d'un pays.

Mais, sous ce rapport également, l'espionnage est appelé à rendre des services indéniables.

Etant donné que les espions vivent en pays étranger et opèrent dans un cercle déterminé et relativement restreint, *ils contractent, dès le temps de paix, des relations avec des personnages influents, cherchent à gagner leur confiance,* étudient soigneusement le caractère de la population et désignent des personnes qui pourront pendant la guerre servir aux troupes de guides, d'otages ou d'espions ; en un mot, ils se transforment dans ce cercle en véritables autochtones, et, tout en fournissant des renseignements au Gouvernement qui les entretient, ils créent une base solide pour leur action en temps de guerre.

Napoléon Ier consacra à l'espionnage beaucoup de temps, de peine et d'argent. Le 20 septembre 1797, il écrivait, entre autres, de Panariono, au général Dumas : « Envoyez des espions à Gorz, Trieste et Laibach, pour tâcher de connaître les noms des régiments de cavalerie et des bataillons d'infanterie qui se trouvent dans cette contrée. Donnez aussi à vos agents pour mission d'observer si, dans la citadelle de Gorz, on fait des travaux et si on l'arme de pièces de canon. »

Le 1er mars 1807, il écrivit d'Ostende au général Morand : « Étant donné la position que vous occupez (à Allenstein), il y aurait avantage à envoyer des espions. N'épargnez pas l'argent et envoyez-moi deux fois par jour des rapports sur ce que vous apprendrez. »

Le 20 septembre 1811, il écrit de Paris au duc de Bassano : « Prévenez par correspondance chiffrée le baron Binion que j'ai l'intention, dans le cas où la guerre éclaterait, de l'attacher à mon quartier général et de le mettre à la tête de la police secrète, en ce qui concerne l'espionnage de l'armée ennemie ; il faut donc qu'il organise dès maintenant une bonne police secrète ; qu'il trouve deux Polonais sachant bien le russe, des militaires possédant les qualités requises et méritant toute confiance ; l'un d'eux devra connaître la Lithuanie, l'autre la Wolhynie, la Podolie et l'Ukraine ; enfin, il lui en faudra un troisième sachant l'allemand et connaissant bien le Livland et le Kurland. Ces trois officiers interrogeront les prisonniers. Il est donc nécessaire qu'ils possèdent à fond les langues polonaise, russe et allemande.

« Ils auront sous leur direction douze agents convenablement choisis, qui seront payés suivant l'importance des renseignements qu'ils fourniront. Il serait à désirer qu'ils pussent donner quelques indications sur les contrées que l'armée devra traverser.

« Je désire que le baron Binion s'occupe immédiatement de cette organisation. Au début, ces trois agents auront à tenir leurs espions sur les routes de Pétersbourg à Vilna, de Pétersbourg à Riga, de Riga à Memel, sur les chemins de Kiew et sur les trois routes de Bukarest à Pétersbourg, Moskou et Grodno; d'autres seront envoyés à Riga, Dunabourg, dans les marais de Pinsk et à Grodno, et devront donner journellement des renseignements sur l'état des fortifications.

« Si les résultats sont bons, je ne reculerai pas devant une dépense mensuelle de 12,000 francs. En guerre, il ne faut pas limiter le montant des récompenses à donner à des personnes qui procurent d'importants renseignements. »

« Chez nous on se servit plus d'une fois des espions en 1812, et nos propres partisans remplirent souvent ce rôle. Il suffira de rappeler les renseignements fournis par Figner, dans la région de Moscou. Connaissant admirablement la langue française, il pénétra hardiment dans les bivouacs des Français, sous le déguisement tantôt d'un marchand, tantôt d'un ambulant, quelquefois même habillé en officier français. Notre armée dut à son célèbre partisan Figner une quantité considérable de renseignements.

Pendant la campagne de 1866, aucun des deux partis ne négligea de recueillir des renseignements au moyen d'espions... La campagne de 1870-71 a démontré que les Allemands n'avaient pas oublié les leçons du passé. Il est prouvé par le témoignage digne de foi d'écrivains français et de personnages officiels, aussi bien civils que militaires, que toute la France orientale avait été inondée, longtemps avant la guerre, d'une légion d'espions prussiens et d'officiers déguisés : les uns, sous prétexte de pêcher à la ligne, mesuraient la profondeur des rivières ; d'autres, qui se faisaient passer pour artistes, relevaient les environs de Langres, Belfort, etc.

Au début de la campagne, on vit apparaître à Strasbourg un monsieur qui se donnait comme fondé de pouvoirs d'une Société américaine pour la livraison d'armes et de munitions de guerre. Sa présence à Strasbourg éveilla des soupçons. On se mit à prendre sur lui des renseignements et on allait l'arrêter lorsqu'il disparut. On le saisit à Metz au moment où il descendait du train. Alors il avoua être l'un des chef des espions allemands et dénonça l'organisation de tout le système. Il comparut devant la justice et fut fusillé peu de temps après. On découvrit aussi des espions parmi le personnel des ambulances militaires. Leur plus grand nombre fut découvert pendant le siège de Paris ; deux d'entre eux, par exemple, s'étaient déguisés en petites sœurs des pauvres ; un autre demandait la charité et dessinait les fortifications de Paris dans le fond de sa casquette. Il y eut même un casse-cou qui, avec un uniforme de lieutenant de vaisseau et de faux papiers, vint inspecter le Mont-Valérien.

Les Français ne s'occupaient généralement pas assez de l'organisation du service des renseignements ; l'envoi systématique de reconnaissances de cavalerie et l'emploi des espions ne se faisaient pas sur une bien grande échelle. Aussi se trouvaient-ils presque toujours dans l'ignorance complète des forces et des projets de l'ennemi, et ils accordaient souvent foi aux bruits les plus invraisemblables qui leur arrivaient Dieu sait d'où.

Cependant, le général Ducrot eut recours, plusieurs années avant la guerre, aux services d'une personne qui voyageait souvent en Allemagne.

Un ancien sous-officier, retiré à Landau, qui allait souvent à Mayence, lui fournit également de nombreux et utiles renseignements.

Un espion français s'est tenu pendant deux mois auprès de l'état-major d'un corps d'armée prussien, d'où il envoyait de temps en temps les renseignements les plus détaillés. Un autre agent secret, livra, en décembre 1870, un plan des travaux du siège de Paris, qu'il avait soustrait à un officier de l'état-major général prussien.

Dans la guerre de 1877-78, les Russes ne firent que très peu usage des espions, peut-être à cause de la difficulté qu'il y avait à trouver des gens pouvant remplir ce rôle dans un pays comme la Turquie. La manière de vivre des Turcs, presque inconnue au reste du monde, mettait un espion russe qui aurait vécu au milieu des troupes turques, dans une situation beaucoup plus dangereuse, que celle qu'avait un espion allemand parmi des Français ; elle exigeait de lui une connaissance très approfondie de la population turque, de sa religion, de ses habitudes et de son caractère. Cependant, le document suivant permet de croire que des espions de circonstance ont parfois donné des renseignements très sérieux.

ATTESTATION

Le possesseur du présent certificat, qui a quitté en 1856 la légion grecque des volontaires de l'Empereur Nicolas Ier, avec la médaille de saint Georges, de quatrième classe et la médaille d'argent pour la défense de Sébastopol, K. N. F., a été envoyé, le 31 mai 1877, sur l'ordre de Son Excellence le chef d'état-major du détachement de... par la Serbie à Roustchouk, pour reconnaître les fortifications, les positions et la force de l'ennemi ; après son retour, il a fourni des renseignements :

1° Sur la quantité de poudre envoyée de Salonique à Roustchouck ;

2° Sur la quantité d'approvisionnements préparés pour les troupes turques ;

3° Sur le nombre des Arabes qu'on attendait à

Roustchouck ; 4° sur la composition de l'armée d'Ali-Pacha envoyée à Montenegro et sur le nombre de chevaux achetés par celui-ci pour son armée ;

5° Sur l'arrivée à Roustchouck du commandant en chef turc Abd-Ul-Kérim et sur son départ pour Silistrie ;

Enfin, 6° il apporta lui-même une carte détaillée des batteries et tranchées, ainsi que des renseignements sur la force des troupes de Nizam, des Bachi-Bouzouks et des Tcherkesses, sur les forteresses et fortifications de Widdin, Low-Palonka, Rahow, Nicopoli, Sistawo, Roustchouck, Schoulma, Lowtcha, Plewna, Protscha, Clissura, Bercowiga et Bjelogratchieck. Le 26 juin 1877, le nommé F., que j'avais envoyé de Sistowa à la reconnaissance des positions ennemies, me fit part de la marche projetée par Osman-Pacha, avec une armée de 50,000 hommes de Widdin sur un endroit situé en déça de Bjelogradjick ; de sa rencontre avec l'égyptien Hassan-Pacha qui, à la tête de 15,000 hommes et 32 bouches à feu de petit calibre, se serait dirigé sur Nikopoli ; de son autre rencontre avec 200 Tcherkesses à Thropel, et avec 10,000 Bachi-Bouzouks qui marchaient sur Plewna ; puis, lorsqu'il réussit à se rapprocher de Plewna pour y reconnaître la composition des troupes, il n'entendit que des mots anglais et étrangers, mais pas de mots turcs. Il essaya d'entrer dans le camp, déguisé en marchand, mais il n'y réussit pas ; ensuitre il fit connaître les troupes qui se trouvaient dans la région de Salvi-Ogla et Schema, s'avança jusqu'à Schulma et donna des renseignements sur les fortifications élevées par des Anglais, sur des approvisionnements de biscuit réunis à Prawodi, ainsi que sur les mouvements des troupes rassemblées à Varna ; de là, il se transporta à Andrinople, rendit compte de la mise en état de défense de deux villages voisins d'Andrinople ; sur l'itinéraire que suivaient par terre et par eau les approvisionnements et sur la marche des transports. Après son retour, à Gorny-Studen, le 3 août, il fut à nouveau envoyé par moi à Plewna ; la première fois, le 6 août ; la deuxième, le 16 août ; après trois journées très pénibles, il réussit à franchir le Vid la nuit ; il se déguisa en turc dans un moulin, fit le tour des positions ennemies, arriva sur la grande route de Isyr-Basar et de là entra avec les Turcs dans Plewna. Les renseignements détaillés sur Plewna furent donnés par lui-même, les deux fois, après son retour. Envoyé à nouveau, le 8 septembre, à Plewna, il envoya, le 24 du même mois, un rapport sur la position de l'armée d'Osman-Pacha, sur la manière dont ses troupes étaient nourries, sur le nombre d'hommes que lui amena, le 21 septembre, Schefet-Pacha, avec chevaux et canons ; sur les approvisionnements en pain, fourrages, etc. ; dans son rapport il communiquait en détail le nombre des batteries nouvellement construites, précisait leur situation et donnait leurs noms; il prévint l'Etat-Major qu'il existait des chemins couverts conduisant aux batteries et les reliant entre elles; lui fit connaître les résultats du bombardement, et, enfin, mentionna qu'on attendait de Constantinople l'arrivée prochaine d'un corps de secours et de l'habillement d'hiver.

F... resta alors à Plewna et me fit de nouveau connaître par écrit, le 27 octobre, la situation de l'armée dans Plewna, la force déjà diminuée de la garnison, les privations qui lui étaient imposées, le nombre des pertes, des désertions, les dispositions prises par Osman-Pacha relativement à la population civile, les changements dans l'établissement du camp des Turcs, le nombre et l'emploi des pièces de siège et de campagne, la situation des magasins à poudre, le nombre des batteries avec l'indication des fortes et des faibles, les meilleures positions à prendre pour le bombardement; après avoir réussi, le 30 octobre, à franchir, au péril de sa vie, les avant-postes renforcés des Turcs, il fut envoyé pour la dernière fois à Plewna, le 2 novembre, d'où il prévint, le 14 novembre, l'état-major russe qu'Osman-Pacha avait résolu de percer par la route de Sofia.

Pendant toute la durée de son service, K. F... a rempli les missions dont il fut chargé avec honnêteté, avec conscience et au mieux de ses connaissances; il a risqué plusieurs fois sa vie, a subi, pour remplir son devoir, de grandes privations, et a rendu à l'armée russe des services de la plus haute importance, particulièrement pendant le siège et la prise de Plewna.

Vu et approuvé, 2 mai 1879.

(*Signature*)

D'après le témoignage de K. F..., les Turcs avaient également leurs espions, principalement des Bulgares, qui en faisaient métier pour gagner de l'argent ou par vieille amitié pour les Turcs dont ils ne souhaitaient pas la défaite.

De tout ce qui précède, on peut tirer les conclusions suivantes :

1º Un service d'espionnage bien organisé dès le le temps de paix portera ses fruits depuis le moment de la déclaration de guerre jusqu'à la fin de la campagne. La nécessité de faire cette organisation en temps utile est reconnue par presque toutes les puissances et il en est peu qui ne se servent pas de l'espionnage dans une mesure plus ou moins grande.

2º En guerre, l'espionnage est nécessaire dans la défense, le siège et l'investissement des forteresses et des points fortifiés, aussi bien que dans toutes les opérations qui exigent une période de stationnement prolongé des troupes. Dans tous les autres cas, il est le complément du service de reconnaissance de la cavalerie et a une importance d'autant plus grande que notre cavalerie est plus faible par rapport à celle de l'ennemi. Un seul espion en qui on peut avoir confiance et qui est au courant des choses militaires, peut quelquefois apprendre et communiquer un renseignement tel qu'un réseau de patrouille de la cavalerie la mieux stylée n'en saurait procurer. Cette considération seule nous défend de dédaigner, comme trop peu importants, les services rendus par les espions, et de méconnaitre leur utilité. D'ailleurs, comme nous le verrons plus loin, l'entretien d'espions sûrs pendant la guerre ne revient pas en général très cher à l'État.

3° S'il est très important de connaitre les projets de l'ennemi, à plus forte raison doit-on s'efforcer de lui cacher les nôtres. Aussi chaque chef a-t-il le devoir d'employer tous les moyens possibles pour découvrir les espions de l'ennemi; mais, pour être à même de résoudre cette question avec succès, il est nécessaire d'avoir au moins quelques notions sur l'organisation de l'espionnage.

II

L'ESPIONNAGE EN TEMPS DE PAIX

Les gravures qui ornent le titre de ce chapitre sont très caractéristiques. La première représente un officier travaillant à sa table avec la carte et le compas; la deuxième, un colporteur russe cherchant à placer ses marchandises.

Après de longues considérations sur ce que l'on doit entendre par le mot « espion », l'auteur continue :

« Les espions se divisent en :

Volontaires et forcés ;
Simples et doubles ;
Temporaires et permanents ;
Mobiles et fixes ou locaux.

Espions volontaires. — Quant aux motifs qui amènent les gens à se vouer volontairement à l'espionnage, on peut les classer en quatre groupes :

Il en est, premièrement, qui considèrent l'espionnage comme un métier qui leur fournit le moyen de satisfaire à tous leurs besoins matériels.

On peut citer, par exemple, les agents de la police secrète des frontières. Il est clair que le degré de leur zèle dépend du montant de leurs appointements ; mieux on les paie ou plus ils peuvent espérer une augmentation de traitement ou autres récompenses, mieux ils remplissent leurs devoirs. En général, on peut ajouter foi aux indications de ces gens qui sont déjà éprouvés et connus de l'autorité.

En second lieu, il y a des gens qui se font espions par patriotisme ou par haine de l'étranger. Leur entretien est relativement bon marché, puisqu'ils n'en font pas métier ; leurs renseignements sont généralement exacts, car ils sont le résultat d'un service consciencieux et dévoué.

Parfois, on voit se vouer à l'espionnage des gens qui on été l'objet d'injustices ou qui y sont poussés par haine, par passion politique. Il ne faut pas trop compter sur leur constance, mais on peut d'autant plus se fier à leurs indications que les motifs qui les ont poussés à l'espionnage sont plus faciles à excuser.

Enfin, les espions sont très souvent des gens de peu de moralité, couverts de dettes, de pauvres juifs et principalement l'écume de la société. Ils ne sont poussés que par l'amour de l'argent et ils n'hésitent pas à se mettre du côté de celui qui les paiera le plus largement. Il est clair qu'il faut accepter avec la plus grande prudence les nouvelles de ces gens-là, et qu'on ne pourra y ajouter foi que lorsqu'elles auront été confirmées par des renseignements venus d'autres sources.

Espions forcés. — Quand il n'y a pas d'autre moyen d'avoir des renseignements sur l'ennemi, on emploie le suivant qui peut paraître cruel, mais qui est souvent très efficace.

On saisit quelque part un bourgeois qui a maison, femme et enfants; on lui donne pour le surveiller un homme habile, déguisé en domestique (et connaissant bien la langue du pays). Le bourgeois prendra cet homme comme cocher et se rendra avec lui dans le camp ennemi, sous le prétexte de porter plainte contre les vexations dont il a été l'objet de notre part. On commence par lui faire observer que s'il ne revient pas avec son guide, sa femme et ses enfants seront mis à mort, sa maison et ses biens pillés et incendiés.

On se sert encore de gens de cette espèce pour faire parvenir à l'ennemi de fausses nouvelles; pour cela on les envoie avec des lettres contenant ces nouvelles et adressées à un chef de poste ou de détachement à un endroit qui est encore occupé par l'ennemi; là, le paysan se trouve pris, la lettre est lue et le stratagème réussit presque toujours.

Pendant la campagne de 1877-78, les Turs usèrent souvent de ce moyen pour forcer les Bulgares à leur servir d'espions.

Les renseignements de ces sortes de gens sont e plus souvent irréguliers e incomplets. En général, des espions de cette nature sont de peu d'utilité; ou bien ils ne reviennent pas, surtout lorsqu'ils sont par trop effarouchés, ou bien ils reviennent pour ainsi dire les mains vides, c'est-à-dire sans renseignements, en trouvant toujours d'excellents motifs pour se justifier; il est difficile de prouver la véracité de leurs paroles.

Les *espions simples* sont ceux qui ne servent qu'un parti; les *espions doubles*, ceux qui, pour avoir double gain, servent les deux partis à la fois. Ces derniers sont plutôt nuisibles qu'utiles, étant donné qu'ils rendent toujours à l'un des partis plus de services qu'à l'autre; leur rôle double, qui fait voir leur peu de moralité, ne permet pas d'ajouter foi à leurs communications. Le seul avantage qu'on puisse tirer de l'entretien d'espions doubles consiste, comme nous le verrons plus loin, à les utiliser pour donner de fausses nouvelles à l'ennemi.

Les *espions permanents* servent un gouvernement ou une armée pendant un temps plus ou moins long et remplissent non seulement une mais plusieurs missions. Ils sont personnellement connus et éprouvés et méritent par suite une entière confiance; de plus, leur capacité d'observation et de recherche, ainsi que leur habileté professionnelle, grandissent et se développent par un long service. Souvent on leur fait remplir le rôle de chefs des *espions temporaires*.

A cette dernière catégorie appartiennent des

gens qui ne remplissent qu'une seule mission. Il faut se méfier de leurs services ultérieurs, soit à cause de leur inaptitude, soit parce qu'ils ne peuvent pas se résoudre à aller une deuxième fois à l'ennemi, ou enfin, parce qu'ils ne peuvent remplir que cette seule mission.

En ce qui concerne l'exercice de l'espionnage, on peut distinguer deux catégories d'espions.

Les uns agissent toujours dans une seule et même contrée ; ils y vivent ou y viennent souvent, sous un prétexte quelconque, par exemple, affaires de commerce. On peut les appeler espions *fixes* ou *locaux*.

En temps de paix, la grande majorité des espions appartient à cette catégorie. Pendant la guerre, ils peuvent rendre des services extraordinaires, durant le temps pendant lequel les opérations se développent dans le cercle d'action qui leur est affecté, vu qu'ils ont reconnu le pays à fond, que tout leur est depuis longtemps familier, qu'ils connaissent toutes les communications et n'éveillent aucun soupçon. Mais lorsqu'ils vivent en pays étranger d'une façon permanente, ils sont obligés de communiquer leurs renseignements par écrit, et, dans ce but, d'avoir recours à la coopération d'autres personnes. Les rapports faits par la personne elle-même nécessitent des absences plus ou moins longues du lieu d'habitation et peuvent faire naître des soupçons.

Les espions *mobiles* vont, en temps de paix,

chez les voisins ; mais, en guerre, ils ne pénètrent dans le cercle des opérations de l'ennemi que quand la chose est nécessaire, pour recueillir quelques renseignements ; après l'accomplissement de leur mission, ils rentrent chez eux et y restent jusqu'à ce qu'on les charge d'une mission nouvelle.

La plupart des espions opèrent, en guerre, de la manière suivante :

Déguisés en marchands, bergers, conducteurs de troupeaux, mendiants, etc., ils vont à l'ennemi, se rendent d'un lieu dans un autre, en évitant de séjourner longtemps au même endroit, ou d'y retourner une deuxième fois, particulièrement lorsqu'ils changent de costume.

Dès qu'il a rempli sa mission, l'espion rejoint les troupes. S'il s'absente un certain temps, il faut qu'il envoie de divers endroits des rapports, que, par conséquent, il se serve d'intermédiaires. Ces derniers ne comptent pas parmi les espions. En transmettant un rapport, ils n'ont pas besoin de savoir ce qu'il contient ni quelle est son importance. Il leur faut de l'allant, de l'habileté ; ils doivent être capables de surmonter des obstacles de toutes sortes, de savoir s'orienter de jour et de nuit, à la rigueur sans chemins ; quant à leur capacité intellectuelle, peu importe.

Tout le monde n'est pas apte à faire un espion ; il faut pour remplir ce rôle des qualités physiques et morales particulières. Il faut exiger de tout espion la conscience, la fidélité, l'observation, la ruse et l'intelligence, l'art qui consiste non seulement à savoir jouer un certain rôle, mais encore à ne jamais perdre la tête et à ne jamais désespérer ; la connaissance de la langue, du caractère et des habitudes des habitants du pays ; enfin, le savoir-faire pour se servir toujours des gens à son profit.

L'espion qui saura capter la confiance et l'estime de personnages influents du pays, recueillera des renseignements exacts, et souvent d'une très grande valeur. Dans tout pays étranger, nous avons nos amis et nos détracteurs. C'est aux chefs à augmenter le nombre des premiers et de diminuer celui des seconds. Quelque petit que soit un village, quelque hostiles que paraissent les habitants à notre égard, nous pourrons toujours, par de bons procédés, nous faire des amis et, par leur intermédiaire, établir une base solide pour l'espionnage local. Ces amis nous fournissent des agents, les envoient chez leurs amis et, par eux, derrière la ligne des avant-postes, chez des personnes avec lesquelles ils se mettent en relation ; là, non seulement on les cachera, mais on leur fera connaître les choses les plus secrètes (1).

En guerre, il faut, en outre, être courageux, hardi, avoir une volonté ferme et être capable de remplir son rôle, de telle façon qu'on le joue même lorsqu'on est seul avec soi-même ; un

(1) Général Duhesme. *Traité des petites opérations de la guerre.*

espion qui ne satisfait pas à cette dernière condition et qui, par moments, quitte son masque,
court le danger d'être reconnu à l'instant même
où il s'y attend le moins (1).

Il est évident que le choix d'un homme capable
de satisfaire à toutes les conditions difficiles et

(1) En voici un exemple tiré des *Souvenirs d'un espion de l'armée russe pendant la campagne 1877-78*.

« Après avoir traversé Telish, j'arrivai, au bout d'une heure de chemin, dans le bois de Tusarnow ; je marchai quelque temps dans ce bois et je remarquai tout à coup que mon cheval avait peur de quelque chose ; je le battis avec la nagaïka, mais je ne réussis qu'à l'amener à se cabrer et à faire un écart ; me demandant ce que cela pouvait vouloir dire, je mis pied à terre, j'attachai mon cheval à un arbre, et, quittant le chemin, je m'engageai dans un sentier étroit ; je fis quelques pas qui m'amenèrent à une clairière et tout à coup je restai comme cloué sur place, devant le tableau qui s'offrait à ma vue et qui avait causé la frayeur de mon cheval. A un petit poirier sauvage, étaient pendus deux Bulgares ; ils se balançaient encore et leurs jambes s'agitaient convulsivement ; leurs visages grimaçaient atrocement. Mon premier mouvement fut de sauver ces malheureux en coupant la corde, mais la réflexion reprit le dessus ; dans la réalité, comme je jouais le rôle d'un Turc, je me trahissais infailliblement, et j'étais perdu si je sauvais ces chiens de chrétiens qu'on exécutait, car personne ne pouvait affirmer que les pendeurs n'étaient pas cachés dans les buissons et ne m'observaient soigneusement. Alors, prenant un air indifférent, je tirai ma blague à tabac, pour rouler une cigarette ; puis, je m'en retournai vers mon cheval après avoir jeté un dernier regard sur les pendus. Aussitôt hors de portée, je m'éloignai au grand trot. »

dangereuses de l'espion, n'est pas une chose facile. Ce serait une grosse faute que de prendre comme tel le premier venu, qui s'offrirait librement à vous, ou de croire qu'on trouvera toujours des espions à condition de les payer cher et de leur donner de grosses gratifications ; les personnes ainsi recrutées sont généralement plus nuisibles qu'utiles.

Quand on fait choix d'un espion, il faut connaître ses rapports domestiques, les personnes qu'il fréquente et par elles son degré de moralité, et, en guerre, il faut, en outre, savoir quelles sont les relations qu'il entretient avec l'ennemi.

D'un autre côté, il est évident qu'au moment de la guerre où chaque minute est précieuse, il est trop tard pour chercher des espions. Il est absolument indispensable de faire choix, pendant la paix, de personnes capables et de les éprouver, de manière à avoir sous la main une organisation toute prête dès l'ouverture des opérations.

Il y a des sujets aptes au métier dans toutes les classes de la société; il suffit de savoir les trouver. En temps de paix, les personnes les plus utiles sont celles qui, sans éveiller le moindre soupçon, entrent par leur carrière ou leurs affaires, dans les différents cercles et entendent les conversations des différentes personnes. Tels sont les commissionnaires, les artistes, les peintres, les photographes, les banquiers, etc. Des musiciens et des bohémiens qui vont à pied de ville en ville, de village en village, peuvent donner d'important s renseignements sur le pays, et, en guerre, seront de remarquables guides.

Les personnes appartenant à l'état ecclésiasti que peuvent être très utiles : au dire de Grimoir (1), on peut tirer d'eux de nombreux renseignements dans les pays catholiques. Quelques faits historiques, comme la prise de Crémone par Eugène de Savoie et l'action des Jésuites pendant la guerre de Sept Ans, confirment cette assertion.

Encore plus utiles, en temps de paix, sont les femmes, les femmes honnêtes aussi bien que les femmes galantes ; elles éveillent rarement les soupçons et, dans certaines circonstances, sauront découvrir un secret là où les hommes se seront montrés impuissants et pas assez habiles .. Dans la correspondance de Napoléon, il est souvent question de femmes qui faisaient ce métier.

On peut utiliser les femmes de deux façons différentes : soit en ayant recours à leurs services en leur faisant faire à elles-mêmes le métier d'espion, soit en envoyant certains espions qui, en se faisant passer pour comtes, princes ou barons, jettent l'argent par les fenêtres, font la cour aux maîtresses ou aux femmes de personnages haut placés et cherchent à se faire dévoiler

(1) *Traité sur le Service d'état-major général des armées.*
(Note de l'Auteur.)

par elles des secrets qu'elles peuvent apprendre d'une manière ou d'une autre de leurs protecteurs ou de leurs maris.

En temps de guerre, toutes les personnes mentionnées plus haut peuvent servir d'espions, mais beaucoup d'entr'elles ne sont pas capables d'opérer sur le théâtre même des opérations comme, par exemple, les artistes, les banquiers, les prêtres, etc. Les plus particulièrement aptes au service des renseignements à l'armée sont les contrebandiers, les guetteurs de frontières, les gardes forestiers ; ils se distinguent généralement par leur habileté, leur astuce, leur connaissance du terrain, leur force de résistance et leur mépris du danger, c'est-à-dire par les qualités indispensables à l'espion qui a pénétré dans les rangs ennemis. Il ne leur manque que le coup d'œil militaire et l'intelligence voulue pour apprécier avec justesse une situation au point de vue militaire.

Cette insuffisance disparaît quand on charge un officier de remplir le rôle d'espion ou quand on réussit à acheter un officier ennemi ; — le prince de Ligne dit à ce sujet ; « Si l'on peut acheter pour un million un officier d'état-major de l'armée ennemie, ce n'est pas le payer trop cher. »

Avant de traiter de l'organisation et de la direction de l'espionnage dans les armées en temps de guerre, il est nécessaire d'effleurer au moins rapidement les mêmes questions sur l'espionnage en temps de paix, à cause des rapports étroits qui existent entre ces deux sortes d'espionnage.

Le général Lewal dit dans son *Étude sur la Tactique de renseignements* :

« L'espionnage doit être organisé avant l'ouverture des opérations de la guerre. On ne peut pas prévoir ni leur début ni la direction qu'elles prendront ; aussi faut-il que l'espionnage soit permanent en général, de manière à avoir tous ses espions complètement préparés à leur rôle, sous la main, au moment du besoin. »

La nécessité de l'espionnage militaire en temps de paix est reconnu par beaucoup d'États. Il s'exerce dans une très large mesure ; en voici des preuves certaines :

« En 1875, un officier de la marine française, Reclu, qui voyageait en Allemagne et avait visité Stralsund et Kiel, fut traduit devant le tribunal à Flembourg et condamné à cinq semaines d'emprisonnement, pour avoir dessiné des ouvrages de fortification.

En 1877, on arrêta à Metz l'espion français Losson. Il avoua qu'il était au service du commissaire de police d'Audun-le-Boinon et qu'il recevait de lui 250 fr. par mois.

En 1880, on arrêta, à Strasbourg, le lieutenant français Tissot, qui fut condamné, pour espionnage, à trois années de prison de forteresse.

— 31 —

En 1888, on accusa le sujet allemand Dietz :

1° D'avoir livré au gouvernement français des documents qui concernaient le transport des troupes en cas de guerre;

2° D'avoir détourné, dans un but intéressé, des pièces et d'autres objets.

La femme de Dietz fut accusée de complicité. Dietz fut condamné à dix ans, sa femme à quatre ans de prison (1).

Les faits précités ne sont pas les seuls, et la liste des jugements prononcés par le tribunal supérieur de Leipzig montre que la France espionne activement ses voisins de l'Est.

L'Allemagne lui rend la monnaie de sa pièce.

Le 26 février, un espion prussien fut surpris à Reims dessinant un des nouveaux forts.

En 1883, on arrêta, dans les environs de Lyon, un certain Stein, pour vagabondage et mendicité. En le fouillant on trouva, cousu dans une ceinture en cuir, environ 100 francs en monnaie allemande, ainsi que des plans et des notes qui fournirent la preuve que l'Allemand arrêté était un espion.

En juin 1885, on arrêta, dans les environs de Lille, deux espions : un Belge et un Allemand; on trouva sur eux quelques croquis, le plan d'un

(1) On pourrait citer l'exemple plus récent des deux officiers de marine français arrêtés et condamnés en 1893 par le tribunal de Leipzig.

[illegible] des remarques en alle-
[illegible] de l'établissement de Lille,
[illegible] prochains [illegible] (1).

[illegible] arrêtés se trouvent également
[illegible] pays ; [illegible] nous contente-
[illegible] spéciales, nous bornerons
[illegible] l'arrestation de deux espions
[illegible] le 12 [illegible]tembre 1891,
[illegible] la manufacture d'ar-
[illegible]

[illegible] grande [illegible] de nouvelles
[illegible] se procurer en temps de paix.
[illegible] jamais à [illegible]ter, les obstacles
[illegible] de cette [illegible]tion, la nécessité
[illegible] toujours fraîches et toujours
[illegible] demande une organisation
[illegible] compliquée de l'espionnage et une masse
[illegible] d'agents.

Les renseignements importants au point de vue
militaire sont [illegible]puisés, en temps de paix, à deux
[illegible] différentes : les uns sont communiqués
par les autorités qui appartiennent à l'administra-
[illegible] du ministère des affaires étrangères, les
autres on les obtient par certains organes rele-
[illegible] du ministère de la guerre.

Les premières, cependant, ne fournissent que
[illegible] assez rarement des renseignements

(1) Lesval : L'espionnage en France. — Klembowsky :
espionnage militaire, 3.

militaires; elles ne sont d'ailleurs qu'un organe de transmission, étant donné que les renseignements recueillis par elles sont adressés au ministère de la guerre. C'est à ce dernier qu'incombe donc, dans tous les États, le soin de rassembler et de coordonner les renseignements; il est, par suite, obligé d'organiser un système particulier d'espionnage militaire.

Les traits principaux de cette organisation sont les suivants : il faut placer à la tête de l'espionnage militaire une administration centrale supérieure. Son action a surtout un caractère d'organisation et consiste à diriger et à contrôler l'action des organes inférieurs; enfin, à coordonner et à classer tous les renseignements recueillis.

L'administration centrale comprend plusieurs sections, dont chacune est chargée d'une certaine contrée en ce qui concerne la recherche des renseignements. A la disposition de chaque section, on met un certain nombre d'espions de rang supérieur. Ceux-ci ont d'abord pour but de contrôler les organes inférieurs et, dans des cas spéciaux, c'est-à-dire quand on a besoin d'un renseignement particulièrement important, ils se chargent eux-mêmes de la mission. Les agents ou espions des sections centrales, qui sont recrutés parmi les classes intelligentes de la société et surtout parmi des gens qui connaissent les choses militaires, doivent être répartis dans toutes les grandes villes, forteresses et points fortifiés. Ils doivent s'efforcer de pénétrer dans la société militaire et doivent, pour remplir la mission qui incombe à leur section, rendre compte à cette dernière de tout ce qui mérite d'attirer l'attention, en se servant exclusivement d'un système de correspondance secrète.

Le deuxième échelon de l'espionnage, celui qui exerce réellement, peut être représenté par les cercles locaux. Chaque Etat doit être divisé en plusieurs cercles dont le nombre dépend de la grandeur de sa superficie. A la tête du cercle se trouve le bureau du cercle pour l'espionnage, qui a à sa disposition deux espèces d'agents ou d'espions. Les uns exercent dans toute l'étendue du cercle, en recevant chaque fois une mission bien déterminée, par exemple, reconnaître une forteresse et en relever les plans, tâcher d'obtenir un renseignement concernant la mobilisation d'un certain corps, etc. Ces agents, qu'on peut appeler agents de deuxième catégorie, sont recrutés parmi les gens de diverses nationalités et de différentes classes de la société. Ils rendent compte personnellement des résultats de leur mission au chef du cercle local.

Les agents de troisième catégorie (la deuxième catégorie des espions du cercle local) comprennent les espions locaux, qui demeurent toujours au seul et même endroit, et les espions mobiles qui, en raison de leur métier, changent souvent de résidence. Les agents de la troisième catégorie sont en partie choisis dans la population du lieu, dans le cas où on y trouve des gens qui sont disposés à trahir leur pays, et en partie parmi les immigrés. Il faut surtout les recruter parmi les basses classes, c'est-à-dire parmi les paysans, les marchands ambulants, les voituriers, les domestiques mâles et femelles (1), les conducteurs de trains et de bateaux à vapeur, etc.

Les obligations de ces agents consistent à répondre à des questions qui leur sont posées dans les cercles locaux ; les agents qui appartiennent à la catégorie des espions mobiles doivent apprendre à connaître à fond la contrée qu'ils traversent. Tous les agents de cette troisième catégorie font leurs rapports verbalement. Dans ce but, ils se présentent à un moment donné dans un lieu qui leur a été indiqué d'avance, où l'on envoie pour recueillir leurs renseignements des agents du cercle local ou des agents de deuxième catégorie.

Les cercles frontières de l'espionnage doivent surveiller les agents de troisième catégorie avec une attention toute particulière et avoir à leur disposition un nombre plus considérable d'agents mobiles et locaux.

Les cercles locaux de l'espionnage, qui dirigent l'action de leurs agents et coordonnent les rensei-

---

(1) Le général Boulanger lança une circulaire ministérielle qui défendait aux officiers d'avoir des bonnes et des gouvernantes allemandes.

gnements fournis par ces derniers, sont immédiatement soumis aux sections centrales correspondantes avec lesquelles ils entretiennent une correspondance secrète particulière.

L'organisation de l'espionnage local n'offre aucune difficulté pour les États qui ont de nombreux émigrés dans les États voisins.

« Le système des Allemands est très simple : Dans un endroit quelconque, près d'un fort ou principalement en un point qui a une importance stratégique, ils (les Allemands) construisent une fabrique qu'ils peuplent d'un nombreux personnel allemand, et tout en faisant en temps de paix une concurrence acharnée à notre commerce, ils explorent la contrée, élèvent leurs constructions et les aménagent de telle sorte qu'elles puissent, à l'ouverture des opérations militaires, être transformées en fortifications du moment (1). »

Au sujet des colons allemands qui sont venus s'installer en Russie, *le Times* écrivait en 1887 :

« Il ne faut pas oublier que la majeure partie des immigrés allemands appartient à la réserve de l'armée allemande et qu'en cas de guerre, ils peuvent former rapidement des bandes hostiles, connaissant la topographie et les ressources du pays, et occuper tranquillement les points stratégiques les plus importants. »

---

(1) A. Froment. *L'Espionnage militaire et les fonds secrets de la guerre.*

À la mobilisation, l'action de tous les organes décrits se renforce considérablement, et c'est là que se manifestent les rapports étroits qui existent entre l'espionnage en temps de paix et l'espionnage en temps de guerre.

Tous les agents de première catégorie se portent à la frontière et se mettent à la disposition du généralissime. Les agents de deuxième et de troisième catégories sont répartis entre les armées et les corps d'armée, et si leur nombre est suffisant, entre les divisions et les régiments. Ils peuvent être très utiles à ces unités : les uns, en servant de guides remarquables, étant donné leur connaissance approfondie du théâtre de la guerre quant à la topographie; les autres, en ce sens qu'ils ont exploré le pays au point de vue ethnographique, qu'ils ont des liaisons avec la population et savent par conséquent comment il faut s'y prendre avec elle dans l'intérêt de notre armée, à qui il faut s'adresser dans tel ou tel cas, etc.

* *

Voilà, en traits généraux, l'organisation de l'espionnage en temps de paix. Veut-on réunir l'espionnage militaire et l'espionnage politique, alors il faut faire subir à l'organisation quelques changements. Cependant il faut observer que cette réunion des espionnages n'est pas à souhaiter. La guerre exige, par sa nature même, un espionnage indépendant.

Un système d'espionnage peut naturellement être organisé d'une manière complètement différente de celle que nous venons d'indiquer. Ce système n'est pas le seul possible, mais tel quel il permet de se rendre compte des relations qui existent entre l'espionnage en temps de paix et l'espionnage en temps de guerre, et représente à peu près l'organisation telle qu'elle existe chez l'un de nos plus proches voisins. »

III

L'ESPIONNAGE EN TEMPS DE GUERRE

Après avoir parlé dans le précédent chapitre de l'espionnage en temps de paix, nous allons examiner maintenant la même question en temps de guerre.

Aujourd'hui on accorde, comme la guerre 1870-71 nous l'a montré, une certaine initiative aux commandants de troupes ; cependant elle ne peut être couronnée de succès que si elle a son point de départ dans une saine appréciation de la situation. Or, l'envoi des espions constituant un moyen d'éclairer la situation, c'est-à-dire la position, la force et les projets de l'adversaire, il est à désirer que non seulement les commandants d'armée, mais encore les corps d'armée, les divisions, les brigades et les détachements indépendants, si petits soient-ils, aient leurs propres espions.

Il est évident que l'importance et le rôle des espions seront variables. Le généralissime doit embrasser tout le théâtre de la guerre, et ne doit pas seulement savoir ce qui se passe sur le front des troupes; il doit voir beaucoup plus loin, jusqu'au grand quartier-général de l'ennemi. Il est clair qu'il devra envoyer des espions à des distances considérables et les charger de recueillir d'importants renseignements stratégiques qui influeront sur tout le cours des opérations. La quantité de questions qui ont besoin d'être résolues, ainsi que leur importance et souvent leur complication, nécessitent l'envoi de nombreux espions bien choisis, c'est-à-dire expérimentés, éprouvés, et un peu au courant des choses militaires. Les uns, ceux qui sont à la disposition du grand Quartier-Général, sont, suivant les besoins, envoyés à l'ennemi et reviennent après l'accomplissement de leur mission. Les autres sont détachés pour toute la durée de la guerre et sont répartis dans toutes les directions : à l'état-major du général en chef de l'armée ennemie, auprès des différents chefs et particulièrement auprès des intendants, parce ce qu'il est très facile de juger les intentions de l'adversaire d'après la situation de ses magasins et de ses approvisionnements.

Les espions exercent leur métier soit par eux-mêmes soit par des agents qu'ils envoient dans toutes les directions, et alors c'est à eux seuls et non à l'armée que revient la tâche du recrutement et du paiement de ces agents.

Il est évident que les rapports des espions arrivent relativement tard au grand Quartier général, c'est-à-dire le quatrième, le cinquième jour et même plus tard encore. Mais ce délai est sans grande importance, attendu que les renseignements transmis concernent le plan du général en chef, les mouvements et la concentration des grandes masses, l'organisation défensive des positions et autres indications du même genre, qui n'ont pas simplement une valeur éphémère.

Les commandants de corps d'armée, des divisions, des moindres détachements indépendants, doivent eux-mêmes étendre leur vision au delà des missions qui leur sont immédiatement confiées; il sera donc nécessaire d'envoyer des espions des états-majors de ces corps jusqu'à deux ou quatre jours de marche dans l'intérieur du cercle d'action des principales forces ennemies; ils agiront comme nous l'avons indiqué plus haut.

Enfin, il est nécessaire que les commandants des régiments d'infanterie et de cavalerie fassent explorer le terrain avoisinant leurs troupes jusqu'à une journée de marche; ainsi se trouve déterminée la distance à laquelle ils doivent envoyer leurs espions. Du reste, ces derniers ne devront pas s'éloigner à plus de 18 ou 20 verstes, sans quoi les renseignements recueillis n'arriveront pas à temps au point indiqué. Ces renseignements se rapportent presque exclusivement aux questions suivantes : où, de quelle force, dans quelle situation sont les corps de troupes de l'ennemi les plus rapprochés; il est évident que le moindre retard dans les transmissions annule leur valeur. Ces questions sont assez simples pour qu'on puisse y employer les espions les moins habiles et les moins expérimentés.

La manière d'agir, dans les deux cas précités, est un peu différente.

Tant que l'ennemi est encore très éloigné, les espions marchent avec les troupes ; dès que l'on s'approche à deux ou trois journées de marche, les espions se déguisent en paysans, charretiers, ouvriers, même en soldats ennemis, et pénètrent, grâce à leur connaissance de la langue du pays, dans les lignes ennemies ; ils y restent et envoient les renseignements demandés par des per-personnes de confiance ou au moyen de signaux convenus (signaux optiques) ; dans des cas très importants, ils reviennent eux-mêmes rendre compte, mais en évitant de permettre à l'ennemi de constater leur absence, la nuit par exemple. Il est très difficile de préciser davantage la manière dont devra s'exercer l'action des espions, puisque tout dépend du rôle qu'ils jouent ainsi que de leur habileté personnelle, de leur mission, et enfin des particularités de l'armée et de la population du pays dans lequel ils agissent.

Aucune unité ne peut se contenter d'un seul espion : premièrement, parce qu'un travail de ce genre, lorsqu'il est de longue durée, dépasse les forces d'un seul homme ; deuxièmement, parce que les renseignements demandés ne seraient pas assez complets ; troisièmement, parce qu'on ne peut ajouter foi aux dires d'un espion, surtout

lorsqu'il n'a pas le sens militaire très développé,
ou qu'on n'a pas en lui une entière confiance ;
ces dires doivent être contrôlés par des renseignements venus d'autres sources par d'autres
espions ; il faut avoir à sa disposition plusieurs
espions qui ne se connaissent pas entre eux et
qui partent de points différents pour pouvoir contrôler leurs rapports et diminuer la possibilité
d'une erreur.

Il n'est pas possible de donner une règle pour
fixer le nombre d'espions que chaque corps de
troupe doit avoir à sa disposition, tout dépend de
l'argent dont on dispose. Au point de vue théo-
rique, on peut dire : plus on a d'espions sûrs,
mieux cela vaudra ; les renseignements sur l'ennemi afflueront en plus grand nombre, et il sera
possible de les contrôler et de les vérifier.

*
* *

La direction de l'espionnage constitue une mission très délicate. On voit facilement combien il
faut avoir de perspicacité pour trouver des espions
utiles, ayant des connaissances étendues ; combien
d'habileté pour leur persuader qu'ils doivent
accepter une tâche si dangereuse ; que de réflexion
pour ne pas les compromettre ; enfin, combien de
tact naturel, de connaissance des hommes et des
choses pour diriger tout ce qui a trait à l'espionnage, attirer les ambitieux, allécher les cupides

exploiter toutes les faiblesses humaines. Pour [illegible] d'espionnage, il ne suffit pas de [illegible] il faut de [illegible] connaître [illegible].

Le [illegible] d'espionnage [illegible] une [illegible] il ne [illegible] pas [illegible].

Le chef des espions doit connaître tous les espions qui sont sous ses ordres, leur nom, leur [illegible], et apprécier leur aptitude à remplir telle ou telle mission. [illegible] connaissances appréciables s'acquièrent dans [illegible] rapports journaliers et constants. Il est donc [illegible] que l'officier chargé dans l'état-major de diriger l'espionnage, reste le même pendant toute la durée de la campagne. Cette condition est d'autant plus importante que les espions [illegible] à leur chef, le comprennent plus facilement, s'attachent même à lui et agissent par cela même avec plus de zèle. Un espion utile et [illegible] n'aime pas à changer de maître ; il désire que les services qu'il rend et la peine qu'il se donne soient dignement appréciés, que les fautes qu'il commet inconsciemment ne soient pas jugées trop sévèrement : il préfère parler à l'officier au service duquel il est, et n'aime pas avoir à faire à un tiers.

[illegible] large doit être [illegible] personnes [illegible] que la surveillance [illegible] les résultats de leur [illegible].

*
* *

[illegible] précédentes à l'usage [illegible] en temps de [illegible] l'emploi des espions et la [illegible]. A tout ce qui a été dit [illegible] reste le recrutement des espions. Il n'y a [illegible] à ajouter : si on tire un espion de la troupe, on le tire de [illegible]. Il faut d'abord l'éprouver en le chargeant de missions sans importance et en confrontant soigneusement les renseignements qu'il rapporte avec les données que l'on a tirées des autres sources ; si le résultat de l'épreuve est satisfaisant, on peut prendre l'espion à son service et le charger de missions sérieuses.

En général, il vaut mieux agir avec excès de prudence quand on choisit un espion, car tel qui montre au début beaucoup de zèle pour gagner la confiance, abusera ensuite de cette même confiance pour tromper son supérieur.

Dans la généralité des cas, il faudra user de finesse dans le commerce des espions. Il faut écouter ce qu'ils disent avec une certaine méfiance, ne pas tout croire, mais ne pas le montrer ; au contraire paraître avoir une foi absolue dans leur franchise. Il faut surtout ménager l'amour-propre de l'espion et bien se garder de laisser percer une pointe de mépris, quel que soit d'ailleurs le motif qui ait pu le pousser à faire ce métier,

Au début de la guerre franco-allemande, un commissaire de police français avait exprimé le désir d'être employé comme espion. Il avait vécu longtemps sur la frontière et pouvait rendre de grands services. Sa proposition fut acceptée. Il prit congé et s'acquitta pendant un certain temps de son rôle très utilement. Mais partout on le reçut si fièrement et avec un mépris si peu dissimulé, qu'il perdit toute confiance et toute envie de bien faire ; il abandonna peu après son nouveau métier.

Il en résulte que, dans ces conditions, il est très difficile de trouver un espion quelque peu convenable et consciencieux. Seul, un homme qui a perdu tout amour-propre et tout respect de soi-même et qui a pour unique but l'amour du gain, peut s'accommoder d'un pareil métier ; mais ces gens-là sont plus nuisibles qu'utiles.

D'un autre côté, on trouve souvent des gens qui servent par amour de l'argent, mais qui veulent que leur métier soit un secret pour tout le monde. Cela s'explique ou par la crainte que le bavardage ne les fasse plus facilement découvrir par l'ennemi, ou bien par l'amour-propre, et la conscience qu'ils ont de cette répugnance que la société témoigne aux espions. Il faut tenir compte de ces deux considérations. Des espions de ce genre devront être reçus sans témoins et leurs rapports doivent être faits entre quatre yeux.

« Il n'y a rien de plus mauvais que notre manière de faire qui consiste à traîner les espions des sentinelles aux petits-postes, aux grands-gardes et, de là, à tous les états-majors, pour les soumettre au même interrogatoire », dit le général Lewal; « on conduit les espions à travers les bivouacs et les cantonnements sous escorte comme des malfaiteurs. Les soldats accourent, les regardent, font leurs remarques, etc. Le nom de l'espion, le lieu de son origine, la nouvelle qu'il apporte sont bientôt le secret de Polichinelle et font le sujet de toutes les conversations. »

Si le détachement compte plusieurs espions, il faut les tenir séparés pour éviter qu'ils ne fassent connaissance et ne lient conversation ; il sera plus facile d'obtenir des renseignements sûrs, puisqu'il sera possible de comparer les dires de plusieurs personnes sur le même sujet. Il est évident que, suivant toute probabilité, les espions finiront tout de même par se connaître; alors il faudra s'efforcer de faire naître la discorde entre eux ; il en résultera une concurrence acharnée, une jalousie réciproque et, par suite, une plus grande facilité de contrôle des renseignements et la possibilité de découvrir celui d'entre eux qui cherche à tromper son chef.

Pour terminer, nous rappellerons les paroles d'un homme d'expérience (1).

« La manière de traiter les espions a une très grande influence sur les résultats de leur action. Il faut user de bienveillance avec eux sans exclure la fermeté. La sévérité est presque inutile, la menace est même une faute. La crainte n'a guère d'effet sur un espion. Il sait très bien quand il a commis une faute ; s'il se sent sous le coup d'une punition, il ne revient pas et se soustrait ainsi facilement au châtiment. Il est très difficile de mettre la main sur un espion quand sa faute est reconnue. »

Il est évident que lorsqu'un homme s'est fait espion en obéissant à des sentiments élevés, c'est-à-dire par dévouement et amour de la patrie, haine de l'étranger ou, enfin, lorsque cet homme appartient à l'armée, toutes ces ficelles sont inutiles avec lui ; il n'y a qu'une chose qu'il faut éviter : c'est de blesser son amour-propre.

Pour attirer des espions et se les attacher, il ne faut pas regretter l'argent qu'on leur donne, même lorsqu'ils ne rendent que de petits services.

« Un homme, qui risque pour vous d'être pendu, mérite une bonne récompense », dit Frédéric le Grand, dans son instruction aux généraux. Le prince de Ligne est du même avis : « Pour arriver à obtenir un renseignement essentiellement im-

______

(1) Général Lewal ; il dirigea le service des renseignements à l'armée de Bazaine.

portant, il est difficile de trouver des espions. Même en payant mille ducats pour une bonne nouvelle, on n'est pas encore sûr que l'ennemi n'en a pas donné deux mille pour tâcher de nous induire en erreur en nous en donnant une fausse.

« Il faut être large en promesses et les tenir, si l'espion a dit la vérité. Si l'on peut acheter pour un million un officier de l'état-major de l'armée ennemie, on ne l'aura pas payé trop cher. »

« J'aurais envoyé en avant des officiers et des espions, dit le général Belliar, dans une lettre au maréchal Berthier, en 1806, mais ils savent mieux que personne que je n'ai pas d'argent, et, sans argent, il est difficile d'arriver à un résultat, surtout quand il s'agit d'espionnage. » Lorsque Berthier reçut, quelques jours plus tard, une lettre analogue de Bernadotte, il ordonna de donner à chacun des maréchaux 10,000 francs pour dépenses secrètes.

Le montant de la somme à payer ne peut pas être fixé une fois pour toutes. Dans certains cas, d'ailleurs très rares, le paiement est fixé, après entente réciproque, entre l'espion et son racoleur; généralement le prix dépendra de l'importance du renseignement reçu et de la grandeur du danger auquel l'espion aura été exposé. Mais, dans aucun cas, il ne sera fixe et payé à l'espion à des intervalles constants, comme une sorte de traitement; une fois que l'espion sait à quoi s'en tenir quant à ses émoluments, il faut encore lui donner de temps en temps des gratifications pour maintenir éveillés son zèle et son activité.

Comme exemple, nous donnons quelques chiffres, qui sont tirés du rapport sur le procès de Bazaine.

Le 30 septembre, on envoya de Metz un certain Krusem, pour tâcher de savoir si les Allemands avaient reçu des renforts de Strasbourg, comme le bruit en courait. Krusem fit le tour de toute la ligne d'investissement sur la rive gauche de la Moselle, et, pour rentrer à Metz, il eut à faire environ 3 verstes en rampant. A son retour, il donna des renseignements sur la force approximative de l'ennemi, sur la situation des dépôts, et apporta un journal allemand qu'il avait trouvé. Il reçut en tout et pour tout 40 francs.

L'agent de police Flao fut envoyé, le 20 août, de Thionville à Metz avec deux dépêches importantes, adressées par Mac-Mahon à Bazaine. Il arriva à Metz sans encombres, remit les dépêches, puis retourna le lendemain à Thionville avec cinq autres dépêches importantes; une patrouille prussienne l'aperçut et le poursuivit pendant 4 verstes; pour éviter d'être pris, Flao abandonna sa voiture et se précipita dans la Moselle; après avoir nagé pendant 4 verstes, il regagna la rive et arriva enfin à Thionville. Pour l'exécution de sa mission, Flao reçut 50 francs.

Le 20 août, le garde-forestier Dechu porta dix-sept dépêches officielles de Thionville à Metz, et, en rentrant, il subit le feu des Français, tirant sur des Uhlans. Il reçut 20 francs.

Le matelot Donsellat reçut, pour le transport de dépêches, d'abord du camp de Tours à Thionville, où il éprouva à peu près les mêmes difficultés que Flao, et, de là, à Bruxelles, 200 francs.

Flao, Dechu et Donsellat n'étaient pas des espions, mais, eu égard à l'importance des missions remplies et au danger auquel ils s'exposaient, on peut les considérer comme espions sous le rapport des rétributions.

Nous nous contenterons de ces exemples et nous remarquerons que, principalement pendant la campagne de 1870-71, les autorités françaises, généreuses en promesses, se montraient avares quand il fallait payer le service rendu. Le montant des rétributions pour le transport des dépêches au travers des lignes ennemies varia entre 50 et 200 francs ; parfois même, on ne paya pas plus de 5 à 20 francs.

Des espions qui servent par patriotisme, renoncent souvent complètement à l'argent ou se contentent du remboursement des frais.

* *

Si difficile que soit la direction de l'espionnage dans son ensemble, il est un détail qui n'est pas moins délicat : savoir donner des instructions à un espion avant son départ pour la découverte.

Dans la résolution de cette question, il faut observer les trois règles suivantes :

1° Il faut que la difficulté de la mission soit en rapport avec les dispositions et la situation de l'espion choisi. Tous les espions ne sont pas également hardis, rusés et habiles ; aussi ne faut-il pas les employer sans un choix préliminaire. Un homme peu capable n'accomplira jamais une mission qui est au-dessus de ses forces ; ou bien il ne procurera aucun renseignement, ou bien il les donnera obscurs, incompréhensibles, parfois faux, ce qui peut même être dangereux.

C'est pour cette raison qu'il est important de savoir ce dont on peut charger chaque espion. Certaines missions, qui ont un caractère spécial, peuvent exiger de la part de l'exécutant certaines connaissances techniques spéciales. Ainsi, par exemple, lorsqu'on veut explorer une ligne de chemin de fer de l'ennemi, c'est-à-dire connaître la force et la quantité du matériel roulant, les lieux de garage, les précautions prises pour l'alimentation en eau, les dispositions employées pour l'embarquement et le débarquement des troupes, il faut envoyer un homme qui a servi dans les chemins de fer, il obtiendra plus vite, par son observation personnelle et les questions qu'il saura poser, des renseignements plus précis. Si l'on veut explorer une rivière, c'est d'un pêcheur ou d'un batelier qu'on se servira.

2° Il ne faut pas trop fatiguer l'attention de

l'espion ; il vaut mieux donner une mission simple et bien délimitée. Il marchera droit au but et l'atteindra plus vite et plus facilement ; son rapport n'en sera que meilleur. Des petites missions secondaires qui détournent l'attention de l'espion ont pour conséquence une certaine obscurité dans les renseignements et une perte de temps, et, si l'espion n'a pas très bien saisi le but de sa mission principale, il la laissera complétement de côté. Le mieux est de partager la besogne entre les espions en donnant à chacun une petite mission bien déterminée. Du reste, l'espion devra rendre compte de tout ce qu'il aura remarqué, même en dehors de son cercle d'observations.

3° Il ne faut jamais initier un espion au secret de ses plans ; s'il est pris par l'ennemi, il peut, par crainte de la mort, oublier ses devoirs et dire tout ce qu'il sait de nos actes et de nos projets.

Il ne faut pas non plus donner à l'espion des instructions écrites, sauf le cas où l'on a l'intention de se servir de ce moyen pour tromper l'ennemi ; alors l'instruction est rédigée de telle façon que l'ennemi, en lisant le contenu, soit induit en erreur.

Si l'espion n'a pas notre confiance, il faut, en lui communiquant les instructions verbales, lui donner, sans en avoir l'air, certains faux renseignements sur nos forces et nos projets que nous pourrions avoir intérêt à être connus de l'ennemi.

Pour ne pas trahir le secret des renseignements que l'on désire avoir et pour tromper l'espion en qui l'on n'a pas confiance, il est bon de l'envoyer à deux endroits différents et de le charger de deux missions (mais deux seulement), une véritable et une fausse.

Les espions doubles ne servent guère qu'à tromper l'ennemi. En leur donnant des instructions verbales, on leur donne des indications telles, sur notre armée, qu'elles puissent engager l'ennemi à faire une chose préjudiciable pour lui et avantageuse pour nous : on peut, par exemple, dire à l'espion qu'on attend des renforts importants à tel point, pour engager ainsi l'ennemi à abandonner cette position peut-être sans combat, etc. Mais il ne faut pas que l'espion s'aperçoive que son double jeu est découvert ; il faut donc lui donner ces faux renseignements comme par hasard et par inadvertance ; s'il est convaincu qu'on a lâché devant lui quelques paroles imprudentes, elles auront à ses yeux une grande importance et il s'empressera de les communiquer à l'ennemi comme concernant un fait absolument certain.

En général, il faut, avec les espions doubles, être extrêmement prévoyant et prudent ; si le chef des espions n'a pas de dispositions pour cela, il vaut mieux se passer des espions doubles.

Lorsque le chef des espions ou l'un de ses adjoints a donné un ordre à un espion, il lui fait franchir la ligne des avant-postes et veille à ce qu'il ne lie conversation avec qui que ce soit. Si l'espion doit rentrer le jour même, il faut avoir soin de donner les instructions nécessaires au chef du poste d'examen.

Quand on reçoit des espions à leur rentrée de mission, il faut également observer un certain nombre de règles, car l'espion peut être suivi de l'ennemi et on s'expose à une attaque d'autant plus dangereuse qu'elle est basée sur un connaissance exacte de la situation.

Si l'on connait à peu près l'heure du retour de l'espion envoyé aux renseignements, il faut prendre pour règle d'aller au-devant de lui, à une heure convenue et à un point déterminé d'avance, choisi toujours au delà de la ligne de surveillance des avant-postes. C'est ainsi qu'agit Stuart avant son fameux raid en 1862.

Accompagné d'un officier, il se rendit dans une maison, située à l'écart derrière les avant-postes ennemis, où devait avoir lieu la rencontre avec l'espion. Sans l'attendre, Stuart gagna à cheval la demeure même de l'espion qui n'était qu'à 400 pas du camp ennemi, l'interrogea, et, sans être aperçu de personne, retourna auprès de ses troupes.

Mais le retour de l'espion ne peut pas toujours être prévu, même approximativement. Dans ce cas, il faut que l'espion, en arrivant sur la ligne des sentinelles, fasse appeler l'officier qui l'a chargé de la mission.

Pendant le siège de Metz, les espions français et les porteurs de dépêches qui rentraient dans la place, étaient soigneusement interrogés par les postes français, y étaient retenus très longtemps et souvent fort mal traités. Bientôt on ne les laissa plus passer : c'est ainsi qu'un riche Anglais nommé Woklair (?), qui s'était librement offert pour porter à Metz une dépêche importante, ne put, sur l'ordre d'un officier qui le menaçait de le faire fusiller, franchir la ligne des avant-postes. Le gendarme Karmut et son fils venus de Thionville à Metz, par des chemins différents, furent reçus par les sentinelles à coups de fusil.

Pour éviter ces tergiversations inacceptables qui diminuaient le nombre des agents de bonne volonté, le Gouverneur de la place délivra aux espions des passeports. Mais ce procédé ne réussit pas davantage, car les espions les détruisaient généralement pour éviter de se trahir en tombant entre les mains des Allemands.

Lorsque le chef des espions aura été averti par la ligne des sentinelles de l'arrivée d'un espion, il se rendra immédiatement auprès de la sentinelle en question, interrogera l'espion et lui donnera une nouvelle mission. Pour éviter les retards, on peut aussi conduire l'espion chez son chef, mais alors il est à souhaiter qu'on charge de cette conduite des personnes sérieuses, c'est-à-dire des officiers ou sous-officiers choisis par le chef des espions et qui stationnent sur la ligne des senti-

nelles. Il faut toujours interroger les espions sé-
parément, puis récapituler leurs réponses et les
comparer.

Dans aucun cas on ne devra permettre à des
espions, en qui l'on n'a pas confiance, de séjourner auprès des troupes ; il faut les renvoyer de
suite avec une nouvelle mission, ou bien, si l'on
n'a rien à leur faire faire, les loger dans un endroit qu'ils choisiront eux-mêmes, situé au delà
de la ligne de sécurité, Dès qu'on a de nouveau
besoin de leurs services, on les fait chercher. A
l'état major on ne garde que les espions sûrs,
tout en les tenant séparés autant que possible.

Les indications fournies par un espion peu
connu et non éprouvé ne serviront de base à
l'élaboration des projets ultérieurs que si elles
sont confirmées par les renseignements donnés
par d'autres espions.

On accepte sans contrôle un renseignement
fourni par un espion ou un émissaire fidèle et sûr.
Enfin, les indications fournies par un espion double sont généralement sans valeur.

*
* *

Mais s'il est important d'avoir de bons espions,
il l'est encore plus d'empêcher les espions ennemis de s'approcher de nos troupes. Dans ce but,
il faut avant tout exiger l'exécution la plus for-
melle de toutes les prescriptions du service en

campagne, pour empêcher qui que ce soit de se glisser à travers la ligne des avant-postes. Mais ce moyen ne suffit pas toujours, puisque nombre de personnes étrangères côtoient les troupes : des voituriers, des fournisseurs, des délégués de la société de la Croix-Rouge, etc., parmi lesquels un espion ennemi peut facilement se cacher.

Il faut, en conséquence, se montrer très méfiant vis-à-vis d'une personne étrangère qui, sous un prétexte quelconque, s'introduit dans un bivouac ou un cantonnement. On voit très souvent des femmes publiques faire de l'espionnage.

L'habit du moine ou les haillons de mendiant, ont souvent caché un scélérat qui s'est introduit dans un bivouac, dans le but de nuire à ceux-là même qui l'avaient comblé de bienfaits. Les hommes de troupe et les officiers doivent, autant que possible, s'abstenir de toute dissertation sur les opérations militaires en présence des habitants et des gens n'appartenant pas à l'armée ; il faut, en particulier, éviter de parler de la situation du détachement.

Un espion ennemi peut se trahir, dit le général Lewal, par une politesse recherchée, la stricte observation de toutes les prescriptions de l'autorité et de la prévôté, sa discrétion affectée et sa disparition momentanée en cachette, l'art et l'habileté qu'il met à tout entendre et tout observer sans qu'on s'en aperçoive ; sa présence partout où il y a un rassemblement ; son regard indifférent

et même stupide lorsqu'il interroge quelqu'un ;
sa réflexion, son habileté dans la manière de
répondre aux questions qu'on lui pose ; sa confiance qui va toujours en augmentant, son désin-
téressement dans les affaires commerciales, ses
largesses à l'égard des troupes, dans les cantines
et les buvettes, etc. On peut souvent reconnaître
un espion, à la grande quantité d'argent qu'il a
sur lui.

Dès qu'on a le moindre soupçon, il faut filer
l'espion, l'arrêter et le soumettre à des interro-
gatoires sévères, troublants, pour voir si, dans
ses réponses, il n'y a pas à relever des contra-
dictions. On rend compte au chef du détachement
du résultat de l'interrogatoire.

Pour découvrir un espion ennemi, La Pierre
recommande de saisir la personne suspecte qui se
présente aux avant-postes, de l'accuser d'avoir des
rapports avec l'ennemi et de la menacer de la faire
fusiller ; La Pierre pense que tout véritable espion
perdra son sang froid, et, pour sauver sa vie, dira
tout ce qu'il sait des projets de l'ennemi.

C'est ainsi que s'y prenaient les Allemands, pendant le siège de Metz et de Paris, à l'égard des
espions et agents secrets français. Dans le procès
Bazaine, André Krusem, déjà cité, raconte ce qui
suit : « Je fus pris par les Prussiens au village de
St-Remy. Ils me fouillèrent, me déshabillèrent
complètement et me prirent tout mon argent et
même mon couteau.

« Le lendemain, je fus interrogé par un Général. Il voulut savoir ce qui se passait à Metz ; je lui répondis ce qui me passa par la tête, et j'ajoutai que je n'avais jamais été soldat et que je ne connaissais pas l'appellation des régiments qui se trouvaient dans la place forte. Il me demanda le motif de ma fuite de Metz ; je répondis que j'y étais entré comme voiturier, mais que j'avais chez moi une femme et cinq enfants à nourrir. On me confronta avec le maire de Mézières qui déclara m'avoir bien vu quelque part. Alors on me fit sortir, on me mit la corde au cou, on jeta par-dessus une branche d'arbre l'autre bout de la corde qui fut saisie par des hommes prêts à tirer.

« Le Général me demanda s'il y avait à Metz des approvisionnements de vivres ? — Je répondis que je ne croyais pas qu'il en existât, puisqu'on y mangeait de la viande de cheval. — Y a-t-il une source d'eau salée au pied du fort de Saint-Quentin ? demanda-t-il. — La source se trouve entre les forts Saint-Quentin et Bellecroix, répondis-je. — Le Général dit alors que ces paroles lui donnaient la preuve de ma loyauté. » Krusem fut alors conduit à Corny où on le retint dix jours en prison, puis on lui rendit la liberté en le munissant d'un passeport pour Nierderweim, son pays natal ; on lui fit comprendre qu'on le fusillerait s'il cherchait encore à franchir la ligne des avant-postes.

Dans la suite, lorsque les Allemands s'aperçu-

rent que les Français qu'ils prenaient avalaient
souvent les dépêches dont ils étaient porteurs, ils
agirent de la manière suivante. Ils faisaient soigneusement fouiller les prisonniers, les déshabil-
laient, leur donnaient une forte purge et les
faisaient surveiller ; si au bout de huit jours on
n'avait pas pu constater la faute du prévenu, on le
renvoyait généralement après l'avoir menacé de
le faire fusiller s'il était repris.

Les coupables étaient fusillés sur le champ.

Quand on a capturé un espion ennemi, on peut
quelquefois se servir de lui pour donner de fausses
nouvelles à l'ennemi.

L'auteur cite quelques exemples historiques.

En tous cas, avant de fusiller un espion, il faut
tâcher de lui faire donner des renseignements sur
l'organisation de l'espionnage chez les siens. Sous
ce rapport, les Français commirent une faute
grave en faisant fusiller, en septembre 1870,
l'espion allemand Schulz, bien que celui-ci se soit
montré disposé, avant l'exécution, à donner des
renseignements sur l'organisation de l'espionnage
allemand et à désigner les camarades qui faisaient
le même métier que lui.

La découverte des espions ennemis fait partie
des devoirs de la gendarmerie aux armées.

On y emploie aussi les officiers du service des
renseignements, les agents de la police secrète
qui doivent accompaguer les armées, et, enfin,
ses propres espions dont on est sûr.

IV

Transmission des renseignements par les espions aux troupes dont ils dépendent.

Comme nous l'avons déjà fait remarquer plus haut, il n'est pas toujours possible aux espions de rendre compte personnellement à leur chef des résultats de leurs recherches. Il n'est donc pas inutile d'examiner les moyens qu'ils devront employer pour transmettre les renseignements à l'endroit qui leur aura été fixé.

Ces moyens sont de trois sortes :

1º Les signaux optiques ; 2º la correspondance écrite ; 3º la correspondance chiffrée, convenue d'avance.

1º *Signaux optiques.* — Quand les opérations se déroulent dans un pays très coupé, difficile pour l'exploration de la cavalerie, ou dans les opérations de détachements qui ne comprennent que de l'infanterie, le service de sûreté mobile qui s'exerce par l'envoi de patrouilles dans la direction de l'ennemi, ne peut guère embrasser une étendue de terrain considérable.

Dans ces cas particuliers, les espions pourront avoir pour mission de recueillir les renseignements les plus simples sur l'ennemi, par exemple la présence ou l'absence de l'ennemi dans une direction et à une distance déterminées ; la force approximative de ses troupes ; si l'ennemi est en marche ou au repos, s'il s'installe sur une position, etc. D'ailleurs, ces renseignements auront leur importance même pour des détachements qui comptent de la cavalerie, car le chef de détachement qui possède déjà quelques indications, si vagues soient-elles, sera plus à même de diriger l'exploration de la cavalerie, de calculer le nombre et la force des patrouilles, de leur donner une direction exacte, etc., etc.

Pour transmettre les renseignements de cette nature, les signaux les plus simples suffisent pourvu qu'ils n'éveillent point les soupçons de l'ennemi et ne demandent pas de dispositifs spéciaux occasionnant des pertes de temps.

Si le terrain qui s'étend en avant du front de l'ennemi permet de voir très bien, il suffit que l'espion allume un certain nombre de feux disposés d'une manière qui aura été convenue à l'avance. Dans le voisinage de l'ennemi, ce moyen n'est pas facile à employer, car il fait naître des soupçons. L'espion peut alors se servir de maisons qui se voient de très loin, faire apparaître et disparaître de la lumière aux fenêtres, ouvrir et fermer les volets, signaux qui ont une signification convenue d'avance avec la troupe dont il est détaché.

La transmission optique des renseignements est également possible en terrain couvert, mais seulement dans le cas de la marche en avant et du stationnement ; elle est impossible pendant les marches en retraite.

L'espion envoyé en avant peut renseigner les troupes qui le suivent par différents signaux convenus : en liant ou en cassant des branches d'arbres, en brûlant des tranches de gazon, en faisant des signes à la craie ou au charbon sur des arbres, des maisons, de grosses pierres. Les contrebandiers des Pyrénées se servent de petites pierres, qu'ils placent sur des troncs d'arbre, des rochers, des tas de terre ; leur langage varie avec le nombre et la disposition des petites pierres.

2° Correspondance écrite convenue d'avance. — La correspondance secrète ressemble souvent à une correspondance habituelle, dans laquelle on parle d'affaires de famille, de commerce, etc., de telle sorte qu'une personne qui ne connaît pas le sens secret de certains mots, n'y attache aucune importance. Ces lettres seront adressées à des gens qui n'ont pas une grande situation officielle ou privée, par exemple à des commerçants ou de petits employés.

En juillet 1887, eut lieu, à Leipzig, le procès des Alsaciens Klein et Griber, inculpés d'espionnage. Le réquisitoire du procureur général disait entre autres choses :

« L'inculpé Klein n'a jamais correspondu directement avec le bureau à la tête duquel était le colonel Vincent ; mais il savait que ses rapports étaient transmis au ministère de la guerre. Pour éviter tout soupçon, on donnait à la correspondance l'aspect de lettres qu'on échange entre parents ; c'est la raison pour laquelle on y trouve souvent répétés les noms propres et les compliments pour l'oncle, la tante et autres personnes, qui, en général, n'existaient pas, ou qui désignaient des personnalités fort bien connues des espions français. »

Souvent, le destinataire s'entend avec le destinateur sur la manière dont la lettre devra être lue. En 1560, le prince de Condé, mis sous les verrous pour avoir pris part au complot contre les Guises et Catherine de Médicis, reçut une lettre qui commençait ainsi :

« Croyez-moi, prince, préparez-vous à
« la mort. Aussi bien vous sied-il mal de
« vous défendre. Qui veut vous perdre, est
« ami de l'Etat. On ne peut rien voir de
« plus coupable que vous... »

La lecture normale de cette lettre ne pouvait éveiller le moindre soupçon ; mais Condé en la lisant, sautait chaque fois une ligne, et le véritable sens était le suivant :

« Croyez-moi, prince, préparez-vous à
« vous défendre. Qui veut vous perdre, est
« plus coupable que vous... »

Il y a encore un moyen mécanique pour correspondre secrètement : le destinateur et le destinataire ont chacun des cartons absolument pareils ou des plaques métalliques qui sont partagées en carrés par des lignes ; certains de ces carrés sont découpés.

Le destinateur met l'une de ces plaques sur son papier et écrit avec l'écriture habituelle dans les carrés découpés ; puis il enlève la plaque et remplit les vides avec des mots choisis pour donner à la phrase un sens détourné. En recevant la lettre, le destinataire place sa plaque sur le papier et lit très facilement tout ce qui l'intéresse, puisque les mots ajoutés après coup sont recouverts par les intervalles pleins de la dite plaque.

Tous ces moyens sont compliqués et prennent du temps, de sorte qu'ils ne sont guère à recommander aux espions ; toutefois, on peut s'en servir en temps de paix.

Le moyen suivant est bien plus simple : On fait dissoudre de l'alun dans de l'eau et on écrit avec cette solution ; il ne reste aucune trace sur le papier. Si l'on réchauffe ensuite la feuille écrite sur une lampe, l'écriture apparaît en caractères gris-bruns.

Quand on saisit en guerre des lettres qui sem-
blent n'avoir aucune signification apparente, la
règle est de les détruire.

3° *Correspondance chiffrée.* — Les systèmes
de correspondance chiffrée sont très nombreux.
L'un des plus élémentaires nous est enseigné par
une lettre du maréchal Soult au général Merle,
datée du 2 septembre 1806 : « Sa Majesté désire
que j'emploie avec vous un système de correspondance chiffrée, qui vous servira à l'avenir pour
correspondre avec le chef d'état-major de l'armée.

« A mon avis, ce qu'il y a de plus simple, c'est
de vous servir d'une brochure qui a pour titre :
« *La bataille d'Austerlitz,* par un militaire
témoin de la journée du 2 décembre 1805, »
attribuée au général-major Stütterheims.

« Le premier nombre indiquera le numéro de la
page ; le deuxième nombre, la ligne à compter
d'en haut, à l'exclusion de l'en-tête ; le troisième
nombre servira à indiquer le mot ou la lettre
cherchés et la place qu'ils occupent dans la ligne
indiquée par le deuxième nombre. Si le nombre
correspond à tout un mot, on le soulignera ; s'il
ne correspond qu'à une seule lettre, on ne le soulignera pas. On mettra des virgules entre les
nombres. »

Les désavantages du système précité sont la
lenteur de la composition et du déchiffrement du
rapport. De plus, il tient énormément de place,

attendu qu'il faut presque toujours indiquer, non pas des mots entiers, mais chaque lettre, laquelle exige chaque fois trois nombres. Pour obvier à ce dernier inconvénient, on peut faire le chiffrement au moyen d'un lexique, avec lequel on pourra, dans la plupart des cas, représenter le mot entier par deux nombres.

Le général Lewal préconise dans ce but l'emploi d'un lexique militaire semblable à celui qu'emploient tous les Etats pour les signaux de la marine. Ce dictionnaire renfermerait, classés par ordre alphabétique, tous les chiffres, lettres, syllabes fréquemment employés et même des expressions militaires entières. Le général Lewal pense que trois mille nombres suffiraient. On numéroterait tous les nombres, mots, lettres, etc., contenus dans le lexique. Dans la composition d'un rapport, un chiffre ou un nombre représenterait ainsi une lettre, une syllabe, un mot, parfois des expressions entières.

Ce système a un inconvénient : sa base est toujours la même et le lexique peut facilement tomber aux mains de l'ennemi. Pour l'eviter, le général Lewal propose quelques modifications dont nous ne signalerons que les deux suivantes :

On prend un nombre quelconque, qui sert de clef ; en composant le rapport, on ajoute chaque fois la clef au nombre qui, dans le lexique, correspond au mot à écrire. Supposons que le mot régiment corresponde au nombre 500 ; le nombre-clef est 25 ; dans le rapport, le mot régiment sera rendu par le nombre 525 ; il est évident qu'on peut aussi retrancher le nombre-clef au lieu de l'ajouter.

L'autre modification consiste à se servir de deux nombres-clefs différents. Dans le rapport, les mots seront rendus par des nombres composés alternativement avec l'une ou l'autre clef. De cette façon, le même mot peut être reproduit deux fois dans le même rapport sous un nombre différent ; exemple : le mot division répond dans le Dictionnaire au nombre 765. Les nombres-clefs sont 5,000 et 6,125 ; la première fois, le mot division peut être traduit par le nombre 4,235 (= 5,000 — 765), la deuxième fois, par le nombre 5,360 (= 6,125 — 765).

Mais tous ces moyens ont un inconvénient commun. Le lexique se perd facilement et on peut ne pas l'avoir sous la main quand on en a besoin.

En 1870, le général de Werder reçut du grand quartier général un télégramme, qu'il ne put déchiffrer immédiatement, parce que le lexique se trouvait dans une voiture laissée en route. Même mésaventure pour le Commandant de la division territoriale de Châlons-sur-Marne, qui ne put déchiffrer une dépêche, parce qu'il avait, par mégarde, envoyé son chiffre avec les archives à Château-Thierry.

Ces systèmes ne peuvent pas être employés pour les espions, attendu qu'ils ne peuvent pas porter de livres sur eux.

Puis l'auteur décrit le système beaucoup plus simple et bien connu de l'appareil de chiffrement, qui consiste en deux réglettes, munies d'une bande de papier portant l'alphabet et pouvant glisser l'une au-dessous de l'autre. Le système est complété par un mot-clef.

Puis l'auteur continue : « Il existe une quantité de systèmes cryptographiques, mais bien peu sont utilisables en guerre, car ils doivent satisfaire aux conditions suivantes : simplicité et rapidité du chiffrement et du déchiffrement; impossibilité ou, au moins, grande difficulté de lecture d'un cryptogramme quand on ne connaît pas la clef, et, enfin, simplicité de l'appareil.

Si l'espion ne peut pas rendre compte du résultat de sa mission directement à son supérieur, il doit réfléchir à la manière de transmettre au lieu indiqué son rapport écrit en langage ordinaire ou chiffré.

En temps de paix, la solution de cette question n'offre aucune difficulté, les espions se servent de la poste.

En temps de guerre, c'est bien différent : l'espion devra trouver quelqu'un qui veuille bien se charger de porter le renseignement; mais ces personnes ne sont pas faciles à trouver, car la transmission d'un renseignement est chose très dangereuse et peut coûter la vie; de plus, le porteur doit réunir certaines qualités dont nous avons parlé plus haut. Son choix est surtout délicat en pays ennemi. L'homme choisi par l'espion pour porter une dépêche peut avoir fait ses offres de service dans le seul but de livrer l'espion aux mains de l'ennemi.

Une fois l'émissaire trouvé, il faut s'occuper des moyens de cacher la dépêche pour qu'elle ne soit pas découverte si le porteur est pris.

Les Français employèrent des moyens variés pendant le siège de Metz, en 1870. On cousait les dépêches dans la doublure de l'habit, on les plaçait entre deux semelles de souliers, dans les cigares, dans les dents creuses, dans les manches de couteau, etc. D'autres sciaient en deux une pièce de monnaie, en creusaient le centre et y introduisaient les dépêches ; puis ils soudaient les deux moitiés, trempaient la pièce dans du vinaigre pour lui donner un aspect neuf et pour dissimuler la soudure.

Il y avait non seulement des officiers, des soldats, des paysans, des bourgeois qui se chargeaient de faire parvenir les dépêches, mais même des femmes. Le 21 août, la veuve Imbert, déguisée en homme, sortit de Metz et porta à Thionville, cachées dans ses cheveux, trois dépêches du maréchal Bazaine au commandant de cette dernière place.

Généralement, on mettait les dépêches dans de petites noisettes en guttapercha ou en os ; si le messager tombait aux mains des Allemands, il avalait la boulette en cachette. Certains émissaires, comme par exemple l'agent de police Flao, durent avaler plusieurs fois la même boulette avant de pouvoir la porter à destination.

Les dépêches portaient souvent l'adresse en écriture ordinaire ou en écriture chiffrée. Les plus importantes étaient rédigées en plusieurs exemplaires et transmises par des agent différents. Souvent aussi les messagers étaient obligés d'apprendre par cœur le contenu de la dépêche; ils pouvaient être obligés de la détruire et néanmoins arriver à bon port de leur propre personne.

Les différents moyens de transmission secrète de dépêches, décrits plus haut, peuvent être employés par les espions et les messagers. Il n'est pas possible de poser des règles précises pour cette transmission ; tout dépend de l'habileté personnelle du messager (1).

(1) Les renseignements peuvent encore être transmis par l'intermédiaire d'un pays neutre.

Certains espions peuvent même habiter ce pays neutre et y recueillir des renseignements importants et précis, — il y a même un avantage à cette solution, les espions ne seront pas tenus à la même réserve pour ne pas éveiller les soupçons.

L'histoire fournit plusieurs exemples d'espions se mettant en pays neutre, en relation avec des journaux dont les correspondants sont autorisés à suivre les opérations de l'armée ennemie. C'est d'un agent qu'il avait à Londres que le prince Frédéric-Charles reçut, le matin même de Sadowa, des renseignements sur la situation de l'armée autrichienne qui concordaient avec ses propres prévisions. Cet agent de Londres était en rapport avec un journal anglais dont un correspondant suivait les opérations des Autrichiens.

C'est également par Londres qu'arriva au grand Quartier-

V

Le dernier chapitre contient de longues considérations philosophiques sur « l'Espionnage et
les Espions au point de vue moral » ; puis l'auteur envisage la question au point de vue juri-
dique.

Nous ne citerons que les articles du Code de
justice russe relatifs à l'espionnage.

« Toute espèce d'espionnage *en temps de
guerre*, ainsi que le fait de recevoir ou de conduire des espions ennemis sont considérés comme
une trahison et punis de mort avec perte des
droits civils. »

L'espionnage en temps de paix est prévu par
les paragraphes 2 et 5 de l'article 253 et par l'article 256.

Aux termes du paragraphe 2, sont considérés
comme trahison : « la communication à un gou-

Général des Allemands, le 23 août 1870, dans la soirée, le
télégramme qui eut une influence considérable sur la déter-
mination prise par l'état-major allemand d'abandonner la
marche sur Paris pour opérer la grande conversion à droite.

Le télégramme disait :

« Armée de Mac-Mahon, rassemblée à Reims ; empereur
et prince Napoléon sont avec l'armée. Mac-Mahon cherche à
opérer sa réunion avec Bazaine. » — LE TRADUCTEUR.

vernement étranger de secrets d'Etat en vue d'amener ce dernier à déclarer la guerre à la Russie ou à se livrer à des actes hostiles quelconques à son égard ; » — aux termes du paragraphe 5, « le détournement prémédité ou la destruction de pièces ou documents qui peuvent servir à établir les droits de la Russie à certaines prétentions vis-à-vis d'une autre puissance ou inversement. » Ces crimes sont punis de mort et entraînent la privation de tous les droits civils.

Conformément à l'article 256, tout sujet russe qui, en temps de paix, « vend un secret d'Etat ou livre des plans de forteresses ou d'autres points fortifiés, de ports, d'arsenaux, etc., ou qui publie ces plans sans autorisation, est privé de tous ses droits civils et envoyé dans les régions les plus lointaines de la Sibérie. »

Dans certains cas, la peine de mort pour trahison peut entraîner la confiscation de tous les biens hérités et acquis des condamnés.

D'après l'article 170, tous les étrangers séjournant en Russie sont soumis aux mêmes pénalités que les sujets russes.

Outre les cas de trahison cités plus haut, il existe encore, d'après la loi russe, un cas spécial de *trahison de guerre*. « Toute violation des obligations du service militaire faite dans le but de favoriser l'ennemi dans ses entreprises de guerre et autres entreprises hostiles est considérée comme trahison et punie de mort avec perte de tous les droits civils. »

En résumé, d'après la loi russe, l'espionnage en temps de paix, commis « sans intention d'amener une guerre », est puni de l'envoi en Sibérie ; tous les autres cas d'espionnage entraînent la peine de mort.

Comme conclusion, il reste à constater que la sévérité des peines prononcées par tous les pays démontre suffisamment quel danger l'espionnage constitue pour l'un des partis, de quelle incontestable utilité il est, au contraire, pour l'autre.

Il est bien entendu qu'il ne faut pas fonder sur les espions des espérances exagérées ; ils ne remplaceront jamais la cavalerie, mais ils faciliteront et compléteront son exploration.

TABLE DES MATIÈRES

Toulouse. — Imp. Saint-Cyprien, allée de Garoune, 27.